AF339617

P27
25704

# ÉTUDE

### SUR

# LE P. PÉZENAS

## ASTRONOME MARSEILLAIS

**Par M. l'abbé AOUST**, membre de la classe des Sciences.

———※———

Il y a deux sortes d'apostolat, l'apostolat de la foi et celui de la science. L'apôtre de la foi propage, au nom de la religion, les vérités surnaturelles; l'apôtre de la science vulgarise les conquêtes de la raison.

Après le spectacle que nous offre le premier, il n'est rien de plus noble que le tableau offert par le second. Mais, lorsque le même homme, pendant une longue carrière, partage son existence entre ces deux apostolats, et qu'on le voit, tour à tour, consacrer ce qu'il possède de lumières et de forces à porter à la connaissance des hommes tantôt le vrai Dieu et les mystères de l'Evangile, tantôt les secrets de la nature et les magnificences de la création, le nom de ce double apôtre est environné de l'estime de ses contemporains et du respect de la postérité. C'est à cette classe d'hommes exceptionnels qu'appartient le père Pézenas de la compagnie de Jésus, directeur de l'Observatoire de Marseille, dont je me propose de faire connaître rapidement la vie et les travaux.

Esprit Pézenas naquit dans la ville d'Avignon, le vingt-huit septembre 1692. Il eut pour père Esprit-François Pézenas, notaire et greffier d'Avignon, et pour mère Gabrielle de Niviéres (A). A cette époque, la compagnie de Jésus brillait du plus grand éclat, et possédait dans la plupart

---

(A) La note indiquée ici et les suivantes seront renvoyées à la fin de l'*Étude*.

des villes importantes de la France des colléges très flo-
rissants. Nous devons dire à la louange de ces religieux
que, partout où ils avaient établi leurs maisons d'édu-
cation, ils exerçaient la plus heureuse influence sur les
jeunes gens confiés à leurs soins. Le jeune Pézenas fut
placé à l'âge de dix ans dans le collége des jésuites à Avignon. Sous leur habile direction il fit de grands progrès
dans les lettres et de non moins grands dans la piété.

Lorsque ses études classiques furent terminées, il ne
voulut point se séparer de ses maîtres.

Il entra au Noviciat de la compagnie. C'était le vingt no-
vembre 1709: il n'était âgé que de 17 ans. Après avoir
pleinement satisfait aux exigences de la probation religieuse pendant deux ans, sous la conduite des PP. Jame
et Flanchon, noms révérés dans la compagnie, il prononça
les premiers vœux. Dès cet instant, admis graduellement,
suivant les usages de l'Ordre au professorat des classes
de latinité, il fut enfin spécialement consacré à l'enseignement des belles lettres. Nous le trouvons professant
les humanités dans les premiers colléges et entre autres
dans le collége de Notre-Dame-de-bon-secours, à Lyon.
C'est dans l'exercice de ces fonctions qu'il acquit ce jugement, ce goût fin qui, réglant la brillante imagina-
tion dont il était doué, en firent un des plus éminents
humanistes. J'insiste avec bonheur sur cette époque de
la vie du P. Pézenas, et je le vois avec plaisir se livrer
à l'étude des grands auteurs de la littérature ancienne et
de la littérature moderne, préparer, par ses succès dans
les lettres, les succès plus grands encore qu'il doit obtenir
dans les sciences; car l'étude des premières est l'intro-
duction naturelle à l'étude des secondes.

Il débuta dans la carrière scientifique par l'enseignement de la physique au collége des jésuites à Aix, 1727 (B).
Mais un plus beau et plus grand théâtre était réservé au
P. Pézenas, et c'est sur ce théâtre qu'il devait acquérir
une plus grande célébrité.

En 1729, il fut nommé professeur de l'*Ecole royale*
d'hydrographie de Marseille et, en même temps, chargé de

la direction de l'Observatoire Sainte-Croix (C) que les jésuites possédaient dans la même ville. Disons un mot de ces deux établissements.

L'école d'hydrographie, fondée par Louis XIV, dès les premières années de son règne, était destinée à l'instruction des officiers des galères royales, lesquelles, placées sous un ministère spécial (département des galères), formaient les premières forces navales de la monarchie et étaient l'orgueil de la France. Une médaille de 1688 porte pour légende: *assertum maris Mediterranei imperium* et pour exergue: *Quadraginta triremes.* Cette école était trop importante pour qu'elle ne fut pas confiée à un savant du premier ordre. Nous la voyons admirablement fonctionner pendant près de 30 ans, depuis 1682 jusqu'à 1710 sous la direction de l'illustre de Chazelles, intrépide marin, ingénieur habile, collaborateur du premier Cassini dans le grand ouvrage de la *Méridienne de France.*

L'Observatoire bâti par les PP. jésuites près de leur maison professe de Sainte-Croix, fut terminé en 1702. Il était dû à la munificence du même souverain qui avait pourvu aux frais de construction et à l'installation des grands instruments; il devait concourir avec l'Observatoire de Paris à l'observation des phénomènes célestes devenue plus facile sous un ciel favorisé. Son fondateur était le P. Laval, ancien missionnaire en Chine; ce savant avait commencé à utiliser cet Observatoire, et à s'y faire un nom comme astronome par une série d'observations sur la dépression de l'horizon et sur les réfractions astronomiques, qui étaient alors la question du jour; mais sa nomination en 1718 à la place de professeur royal des gardes de la marine, à Toulon, l'avait obligé de quitter Marseille et d'emporter à Toulon les instruments astronomiques les plus précieux, de sorte que l'Observatoire de Marseille était resté jusqu'en 1729 sans moyens d'observation et sans observateur. L'arrivée du P. Pézenas dans cette ville fut pour ces deux établissements une bonne fortune. L'école d'hydrographie gagna un professeur éclairé qui devait en perpétuer les bonnes traditions; l'Observatoire, un astronome qui devait en être le restaurateur.

Considérons d'abord le P. Pézenas comme professeur d'hydrographie : son enseignement oral était d'une grande lucidité, non-seulement à cause de son exposition logique, rigoureuse et bien ordonnée, mais aussi à cause de la méthode géométrique à laquelle il donnait toujours la préférence, parce qu'elle a quelque chose de palpable et d'intuitif. Dans les problèmes de navigation, au lieu de faire usage de formules algébriques, qui laissent si souvent de l'obscurité dans l'esprit, à cause des quantités étrangères qu'elles renferment, il ramenait la question à la résolution successive de triangles, de sorte que le calculateur ne perdait jamais de vue aucun des éléments du problème. C'est ainsi qu'enseignaient les grands auteurs de l'antiquité, qui nous ont laissé d'incomparables leçons de géométrie.

Son enseignement écrit comprend les livres classiques qu'il a publiés pour ses élèves, et les mémoires spéciaux qu'il a composés pour les savants. Les premiers sont : *Les éléments du pilotage*; *La pratique du pilotage*; *L'astronomie des marins*. Ces livres, justement estimés, obtinrent plusieurs éditions. Ses mémoires se rapportent principalement à la résolution du problème des longitudes. Cette question, qui occupait alors les savants, que les Académies mettaient au concours, et à la solution de laquelle les souverains réservaient des prix d'une grande valeur, a une grande importance pour la navigation, parce que sa solution donne la plus difficile des deux coordonnées qui font connaître la position du navire sur la surface des mers. Le P. Pézenas paraît s'être beaucoup occupé de cette question ; il en a vu la véritable difficulté, et trouvé l'exacte solution ; elle est donnée par le mouvement de la lune et ne dépend que d'une seule observation. Toutes ces recherches sont consignées dans les deux mémoires suivants : *Examen de la méthode de la Caille pour trouver les longitudes* ; *Nouveaux essais pour déterminer les longitudes en pleine mer*.

Ce que nous venons de dire suffit pour nous faire apprécier le professeur d'hydrographie, et pour justifier pleinement ce jugement des astronomes Lalande et Delambre : que le P. Pézenas fut un des plus estimables professeurs d'hydrographie.

Il en exerça les fonctions pendant vingt ans, c'est-à-dire jusqu'en 1749, année en laquelle les galères royales ayant été supprimées, son emploi de professeur resta sans exercice.

Nous allons maintenant considérer le P. Pézenas comme astronome.

Comme nous l'avons déjà dit, l'Observatoire de Marseille était, depuis 1718, dans un état de délaissement. Le premier soin du P. Pézenas fut de lui donner les instruments indispensables qui lui manquaient (D); le second, de se livrer avec activité à l'observation des phénomènes célestes. A l'exemple de l'illustre astronome Marseillais Pythéas, il commence par la détermination de la latitude de Marseille et de l'obliquité de l'écliptique sur l'équateur, élément important, sur lequel l'opinion des astronomes n'était pas encore fixée, parce qu'ils commençaient à entrevoir que cette obliquité est variable. Ces observations, qui se rapportent à l'année 1731, sont consignées dans les *Mémoires de Trévoux*. Il s'occupe ensuite avec soin de l'étude des principales circonstances des éclipses de soleil et de lune, et des occultations des étoiles par ce satellite. Ses communications à ce sujet, faites à l'Académie des sciences de Paris, pleines d'intérêt et de précision, sont accueillies par cette illustre Compagnie et jugées dignes d'être insérées dans ses mémoires, année 1748. Enfin, son attention spéciale se porte sur la question nouvelle des taches du soleil. Sans doute, le fait de l'existence de ces taches était déjà connu ; mais on avait remarqué qu'elles avaient un mouvement sur la surface de cet astre, et les astronomes géomètres s'occupaient de déterminer les courbes qu'elles décrivaient et le temps de leur révolution. Le P. Pézenas donne une théorie nouvelle de ce mouvement dont il détermine toutes les circonstances d'une manière géométrique aussi simple qu'élégante, sans recourir à plus de trois observations. Son travail, adressé à l'Académie des sciences de Paris, reçut les honneurs de l'impression dans le *Recueil des mémoires des savants étrangers*, et constitue un de ses plus beaux titres de gloire. Tous ces travaux d'astronomie pratique et théorique, il les faisait marcher de pair avec les travaux d'hydrographie et avec les absorbantes fonctions du professorat. Ce n'est pas tout, il trouvait encore le temps de satisfaire à ses aptitudes géométriques, et de rendre au commerce de Marseille un service signalé par la solution d'un problème de géométrie infinitésimale.

Quel rapport les infiniment petits pouvaient donc avoir avec le commerce de Marseille? C'est que ce monarque souverain des mers ne néglige pas de s'associer les plus petits auxiliaires, lorsque son intérêt l'exige.

Qu'il lance à travers les mers ses navires chargés des productions de l'Europe, ou qu'il les reçoive rapportant des pays lointains les produits les plus variés, il a besoin de connaître avec précision et par un procédé rapide les quantités de marchandises qu'il expédie ou qu'il reçoit. Suivant qu'il veut les connaître en poids ou en volume, il a recours au pesage ou au jaugeage ; or, dans ce dernier cas, c'est la géométrie qui lui donne des règles sûres d'apprécier les volumes. Lorsque les formes des solides sont simples, les principes de géométrie élémentaire suffisent ; mais lorsque ces formes sont complexes, c'est à la géométrie infinitésimale qu'il faut recourir. Faute de l'avoir consultée, le commerce Marseillais se servait de règles empiriques fausses, qui étaient toutes à son désavantage. Le P. Pézenas signala le premier l'inexactitude des règles suivies jusqu'alors dans le jaugeage des tonneaux ou des navires et les pertes qui en étaient résultées pour une maison de commerce de Marseille. Il ne suffisait pas de signaler le mal; il fallait trouver le remède. C'est ce qu'il fit dans son mémoire ayant pour titre : *Solution du Problème de Keppler sur les proportions des seg-*

*ments d'un tonneau coupé parallèlement à son axe*. Après avoir estimé géométriquement le volume engendré par une parabole tournant autour d'une ligne perpendiculaire à son axe, il en déduit une règle pour le jaugeage des tonneaux et des navires ; règle simple dont on se sert encore sur notre port, règle précise qui rend l'erreur commise du même ordre que celle qui résulterait de l'opération directe du jaugeage.

Ces recherches géométriques, faites avec beaucoup de sagacité, se rapportent à l'année 1741, et présentées à l'Académie des Sciences de Paris, elles eurent encore les honneurs de l'insertion dans les mémoires des savants étrangers. L'auteur, à cause de l'importance de la question, revint plusieurs fois sur ce sujet, y ajouta des compléments et des perfectionnements. Ces travaux réunis forment son livre : *Théorie et Pratique du jaugeage des navires et des tonneaux*, publié en 1749.

L'année 1749 fut, comme nous l'avons dit, celle de la suppression de l'école d'hydrographie. Cette suppression eut du moins un résultat heureux pour l'Observatoire. Le P. Pézenas avait exercé pendant trop longtemps et avec trop de distinction les fonctions de professeur hydrographe pour ne pas recevoir un dédommagement. La même année, l'Observatoire de Marseille était reconnu établissement de l'État, sous le titre : *Observatoire royal de la Marine* (E); le P. Pézenas en était nommé directeur. Pour en assurer la marche régulière et les travaux, le roi envoyait plusieurs instruments de précision, entre autres, un télescope de six pieds, que nous avons vu dans cet Observatoire, et il assurait une pension pour entretenir deux jésuites qui devaient travailler sous sa direction avec le titre d'astronomes adjoints. En même temps, l'Académie des Sciences de Paris lui décernait l'honneur le plus ambitionné des savants qui ne résident pas dans cette ville : le titre de membre correspondant.

Dans sa nouvelle position, il se consacra avec plus d'ardeur à l'astronomie et il donna un nouvel essor à son activité scientifique qui eut naturellement pour objet :

les observations, l'instruction des astronomes adjoints, les mémoires. Les observations, il les organisa d'une manière régulière et les poursuivit sans discontinuité à l'aide de ses deux collaborateurs ; elles forment un système suivi qui, pour l'époque où elles furent accomplies, lui font le plus grand honneur. L'instruction de ses élèves fut donnée avec talent et libéralité. A son école, se formèrent le P. Blanchard, qui devint en 1757 professeur royal de mathématiques à Toulon ; le P. Lagrange, directeur de l'Observatoire de Milan ; le P. Corréard, professeur de mathématiques à Gênes ; le P. Martin Poczobut, qui vint du fond de la Pologne demander à Marseille l'instruction que la patrie de Copernic n'était plus en état de lui donner.

L'action de Pézenas s'exerçait encore au dehors : autour de lui venaient se grouper tous les hommes qui, à cette époque, cultivaient avec succès les sciences et les lettres dans la cité Phocéenne : le savant physicien P. Labat, religieux de l'Observance, le géomètre de Saint-Jacques Silvabelle, de l'école Newtonnienne, savant interprète du livre : *Des Principes de philosophie naturelle*, et l'illustre P. Féraud, grammairien, philologue, qui, par sa connaissance de la langue anglaise, se lia intimement avec le P. Pézenas, non moins versé que lui dans la même langue.

C'est avec la collaboration de ces hommes éminents qu'il publia d'année en année, à partir de 1755, cinq volumes in-4° de mémoires scientifiques (F) se rapportant à des sujets d'Astronomie, de Physique, de Mathématiques, de Navigation, d'Agriculture, de Mécanique, et ces traductions, si justement estimées, de livres scientifiques anglais : le *Guide des mathématiques* de Ward, 1757 ; l'*Algèbre* de Mac-Laurin ; le *Traité des fluxions* du même auteur 1749, et la *Physique* de Désaguillers, 2 volumes in-4°, 1751.

Nous avons visité cet Observatoire, aujourd'hui abandonné, du P. Pézenas, et qui ne le cédait alors qu'à l'Observatoire de Paris. Spontanément, dans notre pensée, les choses se sont reconstituées telles qu'elles étaient à l'époque que nous décrivons: la grande et belle bibliothèque, les salles d'observation et celles des calculateurs, la salle méridienne, les coupoles et leurs télescopes, la terrasse et ses immenses horizons, le tableau s'animant enfin par la présence de l'éminent directeur. Cette période de l'existence du P. Pézenas nous semble avoir été la plus heureuse. Libre de toute préoccupation, livrant sa vie à l'étude des sciences, utilisant les instruments les plus précieux pour l'observation des phénomènes célestes, composant des ouvrages lus avec admiration, respecté des savants, chef d'école, formant des élèves accueillis partout comme des maîtres, régnant dans cet Observatoire Marseillais comme dans un nouvel Uranibourg, mais avec le ciel de Provence et sa mer azurée, il devait éprouver les satisfactions les plus douces et goûter un bonheur complet.

Sur cette terre il n'y a pas de bonheur durable. L'orage grondait depuis longtemps: la tempête éclata en 1763 et la Compagnie de Jésus fut renversée. Ce coup fut doublement funeste pour le P. Pézenas; il fut obligé de se séparer de ses frères en religion et de s'exiler de son Observatoire. Il se retira dans sa ville natale (1764), accompagné des regrets de tous ceux qui l'avaient connu. Mais s'il fut perdu pour la ville de Marseille, il ne fut point perdu pour la science. A l'exemple du héros Troyen qui emporta la flamme incorruptible de Vesta après la ruine d'Ilion, il emporta le feu sacré des connaissances exactes qui consolèrent son âme attristée, et réchauffèrent en les vivifiant les dernières années de sa longue existence.

En arrivant à Avignon, il eut la bonne fortune d'y trouver un éminent typographe versé dans les mathématiques, dont l'imprimerie rivalisait pour l'impression des ouvrages scientifiques avec les premières typographies de l'Europe. Cet homme était Aubert, dont le nom est resté célèbre; il se mit à la disposition du P. Pézenas pour la publication de ses livres et lui prêta le plus habile comme le plus généreux concours (G). Le P. Pézenas put donc se livrer tout entier à la révision de ses anciens manuscrits et à la composition de ses nouveaux ouvrages. Il avait déjà commencé à publier à Marseille des traductions d'auteurs scientifiques anglais ; il continua à Avignon ce genre de publications ; sa traduction du *Traité d'Optique* de Smith, 2 volumes in-4°, parut en 1767. A part la valeur incontestable de cette traduction, un travail personnel du P. Pézenas, placé à la fin du second volume sous le titre d'*Additions*, mérite l'attention des savants. Ce travail contient des faits intéressants recueillis par lui sur l'optique et la vision, une théorie des instruments astronomiques et la solution de plusieurs problèmes sur la marche de la lumière.

Il rendit un service aux calculateurs en publiant, en 1770, (H) les tables des logarithmes des nombres augmentées des logarithmes des sinus et des tangentes des quatre premiers degrés de seconde en seconde, et il leur aurait rendu un second service du même ordre s'il avait eu le moyen de pourvoir aux frais de publication de ses tables pour la résolution de tous les triangles sphériques. Il se contenta de publier ses recherches et sa méthode à ce sujet en 1772.

Puis il revint (I) sur la question des longitudes, qui l'avait préoccupé au commencement de sa carrière scientifique. Il fit paraître en 1773 son *Examen sur la méthode de la Caille* et en 1775 l'*Histoire critique de la découverte des longitudes*.

L'infatigable vieillard ( J ), dont l'activité semblait croître à mesure qu'il avançait en âge, se proposait de publier et fit annoncer dans le *Journal des Savants*, un grand ouvrage : la *Collection générale des travaux mathématiques contenus dans les recueils de toutes les Académies de l'Europe*. Il devait s'imprimer à Avignon in-4°, mais sa mort, qui eut lieu le quatre février 1776, l'empêcha de mettre ce vaste plan à exécution (K) ; il avait alors quatre-vingt-quatre ans. Il mourut comme le vaillant général qui, en tombant au champ d'honneur, a perdu le souvenir des nombreuses victoires qu'il a remportées; mais conserve le regret de la dernière conquête que la mort l'empêche d'obtenir.

Ce que nous venons de dire prouve jusqu'à l'évidence que la vie du P. Pézenas fut un véritable apostolat scientifique dont il supporta les labeurs et accomplit les glorieuses destinées; mais la vie du P. Pézenas n'est pas toute dans la science: il vécut encore, comme le juste, de la foi, et sur son noble front brille aussi l'auréole de l'apostolat chrétien. Ce ne serait rien, et c'est pourtant beaucoup, de dire qu'au milieu de ses occupations scientifiques, il était toujours fidèle aux devoirs de la vie religieuse; qu'il trouvait dans leur accomplissement ses joies les plus pures; que la prière était encore un levier plus puissant que l'étude des sciences pour élever son âme : il faut ajouter qu'il se livrait avec une héroïque ardeur au ministère évangélique et qu'il obtenait en l'exerçant les plus grands succès. Tous ceux qui ont écrit sur sa vie s'accordent à dire qu'il avait le zèle d'un apôtre et qu'il possédait la véritable éloquence. La géométrie avait donné plus de clarté, plus de précision, plus de fermeté à son langage; mais elle n'avait point tari la source des grands mouvements oratoires, et lorsque le professeur d'hydrographie de Marseille montait dans la chaire chrétienne, on accourait en foule pour l'entendre: les auditeurs les plus difficiles admiraient la puissance de sa parole.

À ce talent oratoire, il joignait les facultés administratives les plus éminentes. Les pères jésuites, si bons juges en cette matière, rendirent hommage à la sagesse de l'administrateur et à l'ascendant du religieux en le plaçant à la tête de la maison Sainte-Croix dont il resta supérieur pendant douze ans consécutifs, c'est à dire depuis 1751 jusqu'à 1763, année de l'extinction de l'Ordre. C'est justement la période durant laquelle il donna à l'Observatoire une impulsion nouvelle, et si nous avons affirmé que cette période fut la plus heureuse dans la vie du savant, nous ne craignons pas d'ajouter qu'elle fut la plus utile dans la vie du religieux.

En effet, en même temps qu'il rendait à son Ordre des services importants par la bonne direction de la maison Sainte-Croix, il rendait des services non moins importants à une partie intéressante de la population Marseillaise; il resta pendant plusieurs années directeur de la grande congrégation des ouvriers. Cette congrégation n'était au fond qu'une société de secours mutuels, mais placée sous l'égide de la religion. De nombreux ouvriers venaient se réunir tous les dimanches à l'église Sainte-Croix : là , ils avaient le bonheur d'entendre les allocutions du P. Pézenas. Sa parole chaleureuse les rendait meilleurs et ils reprenaient en suite leurs travaux hebdomadaires avec contentement. Celui qui moralise la classe ouvrière mérite bien de la société.

Est ce tout? L'œuvre des missions exerçait sur lui un attrait irrésistible; c'est là qu'éclataient son zèle et sa mâle éloquence. Il nous serait impossible de signaler les nombreuses campagnes apostoliques qu'il a entreprises avec le secours des pères dont il était le supérieur, et les fruits abondants qui consacraient ses prédications. C'est dans ses exercices souvent repétés qu'il se délassait de ses études. La relation que nous possédons encore de la mission de 1757, qui eut le plus grand retentissement et porta les plus grands fruits, nous donne l'idée la plus vraie des labeurs et des succès de cet homme évangélique.

Nous avons surabondamment établi que dans le P. Pézenas il y eût deux apôtres évangélisants : l'un, au nom de la foi, l'autre au nom de la science. Cette noble personnalité, si vénérée des contemporains, appartient à la postérité. Quelque oublieuse qu'elle soit , elle conservera le souvenir de cette belle figure: elle la proposera comme exemple et encouragement à ceux qui marchent dans la même carrière (L).

# NOTES.

—

(A) Esprit Pézenas naquit sur la paroisse Saint-Agricol; il fut baptisé, le jour même de sa naissance par l'abbé Laffaneux, chanoine coadjuteur du chapitre collégial de Saint-Agricol et curé de cette paroisse. Il eut pour parrain Esprit Pézenas et pour marraine M<sup>lle</sup> Andrée de Gratière.

(B) Nous avons eu à notre disposition le cours manuscrit de physique que le P. Pézenas professa au collége d'Aix: il est écrit en latin: il contient, outre les principes généraux de physique, les éléments d'astronomie et d'anatomie.

(C) Quelques biographes disent que le P. Pézenas succéda au P. Laval dans la direction de l'Observatoire Sainte-Croix, en 1718, époque à laquelle le père Laval fut nommé professeur à Toulon. Ils se sont trompés sur ce point. Nous avons fait transcrire sur les anciens registres de la compagnie de Jésus l'indication des emplois du P. Pézenas. Il n'appartint à la maison Sainte-Croix de Marseille qu'en 1729, lorsqu'il fut nommé professeur d'hydrographie, antérieurement il avait été professeur à Aix et à Lyon.

(D) « Le P. Pézenas s'occupait beaucoup de différents essais, et d'essais très-coûteux même, relatifs à l'astronomie pratique, tels que de construire un quart de cercle de 10 pieds et d'autres encore. » (*Lettres de J. Bernouilli*, tom. II. p. 64.)

(E) Plusieurs auteurs rapportent à l'année 1764 l'érection de l'Observatoire des Jésuites en Observatoire royal, de sorte que, d'après eux, M. de Saint-Jacques Silvabelle serait le premier qui aurait eu le titre de directeur de l'Observatoire royal de la marine. Le passage suivant de Jean Bernouilli, l'ami et le correspondant de Silvabelle, confirme l'assertion de notre texte. « Le P. Pézenas vint à Marseille en 1728; ses premières observations imprimées sont de l'année 1730 (*Mémoires de Trévoux*); c'est lui qui a le mieux monté et fait ériger en Observatoire royal celui que les Jésuites avaient auparavant. Son successeur, après l'expulsion du corps, a été M. de Saint-Jacques de Silvabelle. » (*Lettres de J. Bernouilli*, t. II, p. 251).

— 14 —

(F) Il existe deux volumes de ces mémoires à la bibliothèque de Marseille. Vingt ans après leur publication, ils étaient devenus tellement rares que Jean Bernouilli disait en 1774 : « on cherche inutilement ces mémoires chez les libraires, soit en Provence, soit ailleurs. » (*Lettres*, t. II, p. 56).

(G) « Il ne faut pas oublier non plus l'habile imprimeur libraire auquel on doit la nouvelle édition du *Gardiner*; qui imprime de préférence des ouvrages de mathématiques par amour pour cette science, qui la cultive même et qui s'est ruiné la santé par l'application qu'il a donnée à l'important ouvrage dont j'ai parlé; un tel homme est rare et mérite nos éloges et notre reconnaissance. Les obligations que nous devons à M. Aubert se sont accrues encore par les tables du nonagésime de M. Lévêque et par les observations de M. d'Arquier à Toulouse qu'il vient d'imprimer. (*Lettres de J. Bernouilli* tom. II, p. 59).

(H) « Un autre objet utile dont le P. Pézenas paraît s'être fortement occupé est celui de procurer aux astronomes des tables de tous les triangles sphériques et obliquangles calculés pour chaque degré et il a publié un mémoire à ce sujet. J'ai fait réimprimer ce mémoire dans le troisième volume de mon recueil pour les astronomes à la suite des mémoires que j'ai donnés sur la même matière ». (*Lettres de Jean Bernouilli*, tom. II, p. 56).

(I) « Les longitudes occupent beaucoup le P. Pézenas depuis assez longtemps; il se propose de publier dans peu un exposé de toutes les méthodes tentées jusqu'à présent et de leurs défauts, suivi de celle qu'il leur substitue. Elle consiste à prendre la hauteur de la lune avec un instrument bien ou mal divisé, à attendre que le soleil ou une étoile passe à la même hauteur, à calculer la hauteur qu'avait alors cet astre réellement et à en déduire le temps qui répondait à la même hauteur observée de la lune ». (*Lettres de Jean Bernouilli*, t. II, p. 56).

(J) « Il fallait un changement de vent pour me faire arriver à Avignon, mais je me serais passé volontiers de celui qui a sévi dans cette ville pendant le peu de temps que j'y ai resté et qui a rendu le sept décembre 1774 cruellement froid; la ville est fort grande, de sorte que j'ai éprouvé toute la rigueur du temps en faisant mes visites aux respectables vieillards Pézenas et Dumas et au P. Blanchard, leur ancien confrère et un des plus aimables savants que j'ai vus. Le P. Pézenas, que j'ai été charmé de connaître personellement, jouit dans sa 82ᵐᵉ année d'une bonne santé et travaille comme un jeune homme..... Les yeux de ce vieillard annoncent encore par leur feu la vivacité qui devait l'animer, lorsqu'il avait encore toute sa vigueur. » (*Lettres de J. Bernouilli*, tom. II, p. 56.)

(K) Voici l'acte de son décès: « Anno 1776 et die 14 februarii, horâ undecimâ matutinâ, obiit munitus sacramento extremæ unctionis,

R. Dñus Spiritus de Pézenas, sacerdos in societate Jesu, nec non antiquus professor regius hydrographiæ Turris Astronomicæ Massiliæ, quartum supra octogesimum annum agens. Sepultus fuit die sequenti in Ecclesià Metropolitanà. Signé : Michel canonicus Parochus. (Extrait des registres de la paroisse de la Magdeleine, d'Avignon.

Le caveau où furent déposés les restes du P. Pézenas se trouve dans l'Eglise Métropolitaine d'Avignon, N.-D. des Doms, sans aucune indication, dans la chapelle qui précède celle où sont inhumés les Archevêques.

(L) La famille Pézenas, alliée à celle de S' Bertrand, évêque de Comminges, que les généalogistes du Comtat appellent aussi Pézenas, subsiste encore dans la personne de M. le Marquis Pézenas de Pluvinal, habitant le département de Vaucluse.

---

Marseille.—Typ. et Lith. Barlatier-Feissat Père et Fils, imprimeurs de l'Académie.